आँखों आँखों रहे

आँखों आँखों रहे

वसीम बरेलवी

वाणी प्रकाशन

प्रकाशन के उत्कृष्टतम 61 वर्ष

vaniprakashan.com

पेपरबैक पहला संस्करण : 2008
पेपरबैक दूसरा संस्करण : 2010
पेपरबैक तीसरा संस्करण : 2017
पेपरबैक चौथा संस्करण : 2020
पेपरबैक पाँचवाँ संस्करण : 2024

वाणी प्रकाशन

4695, 21-ए, दरियागंज, नयी दिल्ली-110 002

फ़ोन : + 91 11 23273167, 23275710

शाखाएँ

अशोक राजपथ, पटना-800 004, बिहार

कॉफ़ी हाउस कैम्पस, महात्मा गांधी मार्ग, प्रयागराज-211 001, उत्तर प्रदेश

महात्मा गांधी अन्तरराष्ट्रीय हिन्दी विश्वविद्यालय, वर्धा-442 001, महाराष्ट्र

sales@vaniprakashan.in
vaniprakashan@gmail.com

Ankhon Ankhon Rahe
by Waseem Bareilavi

ISBN : 978-93-5229-107-6

Ghazals

मूल्य : ₹ 195

सिटी प्रेस, दिल्ली-110 095 में मुद्रित

वाणी प्रकाशन का लोगो मक़बूल फ़िदा हुसेन की कूची से

अल्लाह के नाम से जो बड़ा ही
कृपालु और दयावान है!

इन्तिसाब[1]

उस एहसास[2]
के
नाम
जिसने कभी
बेअसास[3] नहीं होने दिया

---

1. समर्पण 2. अनुभूति 3. पूँजीरहित, बेबुनियाद

इन्सानी हयात[1] के हुज़्निया[2] पहलू का इज़हार

ग़म की तसलीम शुदा[3] हक़ीक़त को मीर तक़ी मीर से ले कर आज तक के शुअरा ने मौज़ू-ए-सुख़न[4] बनाया है। हमारी शायरी में इस ग़म की कहीं हल्की-सी और कहीं गहरी परछाइयाँ मिलती चली आयी हैं, लेकिन हमारे इस अहद[5] का मुफ़क्किर[6] वसीम बरेलवी इस दाख़िली ग़म से समाजी और इन्सानी ग़मों का निशातिया दरमाँ[7] तलाश करता है। उसके यहाँ वह फ़नकार[8] क़लम है, जो इन्सानी हयात के हुज़्निया पहलू को भरपूर तअस्सुर[9] के साथ पेश करने पर क़ादिर[10] है और उसके इंबिसात-अंगेज़[11] और हौसला-अफ़ज़ा[12] मुस्तक़बिल[13] को जनम देने की सई[14] करता है। इसीलिए उसने कोशिश की है कि वह इस कुर्र-ए-अर्ज़[15] में बसने वाले तमाम इन्सानों के छोटे-बड़े दाख़िली और ख़ारजी मसाइल[16] को सिर्फ़ पेश करके न छोड़ दे, बल्कि ऐसा रास्ता भी दे जिस पर चल कर ग़मज़दा[17] इन्सान दाइमी मसर्रत[18] और पुरनूर उफ़ुक़[19] को छू ले।

शमीम करहानी

1.मानव-जीवन, 2. त्रासद, 3. मान्य, स्वीकृत, 4. साहित्य की विषय-वस्तु, 5. काल-खण्ड, 6. विचारक, 7. आनन्ददायक उपचार, 8. कलाकार, 9. अनुभूति, 10. समर्थ, 11. आनन्दवर्द्धक, 12. उत्साहवर्द्धक, 13. भविष्य, 14. कोशिश, 15. धरती, 16. आन्तरिक और बाह्य समस्याओं, 17. पीड़ित, शोकग्रस्त, 18. शाश्वत आनन्द, 19. प्रकाशमय आकाश

सोचते लम्हे, जाती धूप

लफ़्ज़ न काग़ज़ी तस्वीर है न बेजान अलामत[1]। यह आँसू की तरह मुतहर्रिक[2], मुस्कुराहट जैसी "अ़याँ रा चे बयाँ[3]" मानाकारी[4] का वह सलीक़ा है जिसके "हुस्न हज़ार शेवा[5]" को सच्ची शायरी छू जाये तो जलवतों[6] को इख़्तियार[7] और ख़लवतों[8] को एतिबार[9] बना दे। बड़ी शायरी के लिए मुश्किलपसन्दी[10] का लफ़्ज़ी जाहो-जलाल[11] अगर कुछ होता तो ग़ालिब "क़ुमरी कफ़े ख़ाकिस्तर और बुलबुल क़फ़स रंग[12]" से "दिले नादाँ तुझे हुआ क्या है" तक कभी न आते। ज़हीन थे, नब्ज़-शनासे-फ़िक्रो-नज़र[13] थे, तब्दीलियों को लाज़िमा-ए-फ़ितरत[14] जानते थे। इसीलिए लफ़्ज़ को एहसास की सतह[15] पर बरतने और शायरी का हक़ अदा करने पर मजबूर हुए। फिर भी न जाने क्यों कुछ लोग "नज़्रे-ग़ालिब"[16] कह कर ग़ज़ल को "नज़्रे-बेदिल" करने और ग़ालिब की रूह को मुश्किल में डालने पर मुसिर[17] नज़र आते हैं। कहना सिर्फ़ यह है कि ग़ज़ल की फ़िक्रअंगेज़ी[18], लफ़्ज़ी और मानवी तामीम[19] ही आज उसे ऐसे मक़ाम पर लायी है कि दीगर असनाफ़े-सुख़न[20] उसे रश्क[21] से देखने पर मजबूर हैं। उर्दू शायरी के हर दौर का बड़ा शायर ग़ज़लगो हुआ है। शायद इसलिए कि ग़ज़ल से बढ़ कर कोई दूसरी सिन्फ़े-सुख़न[22] इन्सानी मिज़ाज[23] की हर लम्हा बदलती कैफ़ियात[24] को इतने वाक़िआती अन्दाज़[25] में मौज़ू-ए-फ़िक्र[26] बना ही नहीं

---

1. निर्जीव प्रतीक 2. प्रेरक 3. प्रत्यक्ष का वर्णन क्या करना 4. अर्थ निरूपण 5. हुस्न हज़ार अन्दाज़ 6. आत्म प्रदर्शन 7. अपनाना 8. एकान्त, तन्हाई 9. विश्वास 10. गूढ़ता, कठिनाई 11. शब्द वैभव 12. फ़ाख़्ता, मुट्ठी भर ख़ाक़ और बुलबुल पिंजरे का रंग 13. विचार और दृष्टिकोण की नब्ज़ पहचानने वाला 14. स्वभाव के लिए अनिवार्य 15. स्तर 16. ग़ालिब की नज़्र 17. अड़े हुए अडिग 18. विचारोत्तेजना 19. शब्द और अर्थ-सम्बन्धी व्यापकता 20. साहित्यिक विधाएँ 21. ईर्ष्या, प्रतिस्पर्धा 22. साहित्यिक विधा, 23 मानव स्वभाव 24. स्थितियों 25. वर्णनात्मक रूप 26. चिन्तन का विषय

सकी। यूँ भी हिन्दुस्तानी मिज़ाज बड़े मुह्तात रवैयों[1] से इबारत[2] है। खुलापन, बेबाकी या वज़ाहत[3] उसका हिस्सा नहीं। दिखने से ज़्यादा छिपने, तफ़सील से ज़्यादा इख़्तिसार[4], ईजाज़ व ईमाइयत[5] का क़ायल है इसीलिए ग़ज़ल कम-से-कम लफ़्ज़ों में बड़ी-से-बड़ी बात कह जाने का हुनर जानती है। और उर्दू के अलावा हिन्दुस्तान की दीगर ज़बानों[6] में भी लिखी और पढ़ी जा रही है। जो सिन्फ़े सुखन इस तरह अवाम और ख़वास[7] के आसाब[8] पर छायी हो उसके मेयार मुतअय्यन[9] करना भी आसान नहीं।

ग़ज़ल की तनक़ीद[10] के लिए कभी फ़ारसी असालीब[11] को पेशे-नज़र[12] रक्खा गया तो कभी तनक़ीद के मग़रिबी[13] पैमानों का सहारा लिया गया। जबकि ग़ज़ल की हमागीरियत[14] ख़ालिस हिन्दुस्तानी माहौल और मिज़ाज के आइने[15] में देखी जानी चाहिए थी और यक़ीनन हिन्दुस्तानी मेयारे-नक़्दो-नज़र[16] में वह सभी कुछ आ जाता है जो रिवायतों की पासदारी[17] से ले कर हर लम्हा बदलती ज़िन्दगी के मंज़र[18] और पसेमंज़र[19] से जुड़े एहसास के नये ज़ावियों[20] और लफ़्ज़ की नयी मानवियतों[21] में मौजूद है। आज की तनक़ीद की ज़िम्मेदारियाँ इसलिए भी कुछ और बढ़ जाती हैं कि आज तख़लीक़[22] के पास अपने आप को अवाम और ख़वास तक पहुँचाने के लिए रिसाले के अलावा महफ़िलों से ले कर इलेक्ट्रॉनिक मीडिया तक और भी कई ज़राये[23] हैं। ऐसे में आज का नाक़िद[24] अगर पूरे अहद के तख़लीक़ी हुस्न[25] से वास्ता नहीं रक्खेगा तो हो सकता है उसके फ़ैसलों पर कल नज़र-सानी[26] की जाये और उसकी तनक़ीदी बसीरत[27] मौज़ू-ए- गुफ़्तगू[28] बने। बहरहाल, तफ़सील में जाने का न यह मौक़ा है न इसकी ज़रूरत। अर्ज़ बस यह है कि पूरी ज़िन्दगी शायरी को दे दी। शायरी ने मुझे क्या दिया। यह आप की आँखों की चमक और फ़िक्र की महक बतायेगी। इस अदबी नफ़्सा-नफ़्सी[29] के दौर में अगर कोई तख़लीक़ अपनी आजिज़ाना तवानाई[30] के बल पर ज़िन्दा रहने की क़सम खाने

---

1. सावधानीपूर्वक 2. अंकित, वर्णित 3. स्पष्टीकरण 4. विस्तृत से अधिक संक्षिप्त 5. संक्षेप और संकेत 6. भाषाओं 7. सामान्य और विशिष्ट जनों 8. ज्ञानेन्द्रियाँ, मन-मस्तिष्क 9. मानदण्ड निधारित करना 10. समीक्षा, आलोचना 11. शैलियों, परिपाटियों 12. समक्ष, सामने 13. पश्चिमी 14. सार्वभौमिकता, व्यापकता, 15. सन्दर्भ का दर्पण 16. पारम्परिक मानदण्ड 17. परम्पराओं का पृष्ठ-पोषण 18. दृश्य 19. पृष्ठभूमि 20. कोणों 21. अर्थवत्ताओं, अर्थों 22. रचना, कृति 23. साधन 24. समीक्षक 25. रचनात्मक सौन्दर्य 26. पुनरावलोकन 27. समीक्षा-दृष्टि 28. चर्चा का विषय 29. साहित्यिक आपा-धापी, 30. विनम्रता-भरी शक्ति

की हिम्मत दिखा सके तो उसे क़ारी की ईमानदार तवज्जो मिलनी चाहिए। लीजिए 'तबस्सुमे-ग़म'(1965), 'आँसू मेरे दामन तेरा;' देवनागरी (1972), 'मिज़ाज'(1990), के बाद 'आँखों आँखों रहे,' उर्दू, देवनगरी, हाज़िरे-ख़िदमत है। सात साल क़ब्ल 'आँख आँसू हुई' के दीबाचे 'आँख अकेली ख़्वाब बहुत' में जो कुछ लिखा था, उसमें कोई ख़ास तब्दीली नहीं आयी। हालात कमो-बेश[1] जूँ-के-तूँ हैं तो बात क्या आगे बढ़े। आलमी मंज़रनामे[2] से ले कर मुल्की और शहरी अहवाल तक मक़ामाते-आहो-फ़ुग़ाँ[3] कम नहीं। इस्तिहसाल[4] आलमी बाज़ारियत[5] या मण्डियत के नाम पर जिस मुहलिक[6] अन्दाज़ में ख़ूबसूरत मेकअप के साथ हिन्दुस्तानी मुआशरे[7] में उतरा है उसके मुज़िर असरात[8] अभी से महसूस किये जा सकते हैं। माद्दियत[9] का जज़्बातकुश[10] जुनूँ सदियों पुरानी हिन्दुस्तानी संस्कृति से दो-दो हाथ करने पर तुला है। नयी नस्ल आँखों की ताबे[11] हुई है, दिल तक जाने की फ़ुर्सत ही कहाँ। ऐसे में क़दरों[12] से उकताहट, फ़िक्रो-नज़र से बेज़ारी और ख़्वाबों की बेवक़अती[13] सोचों का हिस्सा न बने तो हैरत होगी। दौलत-तलबी की हवस[14] एहसासकुशी[15] के वो तमाम हरबे इस्तमाल करने पर मुसिर[16] है जो इन्सान और इन्सानियत के लिए चैलेंज हैं। मगर उम्मीद की किरन उस वक़्त फिर से ज़िन्दा[17] हो जाती है, जब बड़े-बड़े मजमों[18] में कम उम्र लड़के-लड़कियाँ शायरी सुनने के लिए सुबह चार-पाँच बजे तक बैठे नज़र आते है और मुशायरे के बाद फ़िक्र-अंगेज़ अशआर याद दिला कर अपनी-अपनी ऑटोग्राफ़ बुक में लिखवाने की फ़रमाइश करते हैं। मैं बड़ी पुरउम्मीद[19] नज़रों से उन के मुतजस्सिस[20] ज़ेहनों के बारे में सोचता हूँ कि यही हमारे एहसासात के वारिस[21] हैं। हमारी सोचों के मुहाफ़िज़[22] हैं और हमारे मुन्तशिर[23] आज के उम्मीद-अफ़्ज़ा[24] कल हैं। इसी उम्मीद-अफ़्ज़ा कल की तलाश और तजस्सुस[25] की नज़्र है 'आँखों आँखों रहे।'

वसीम बरेलवी

---

1. न्यूनाधिक, अल्पाधिक 2. विश्व-परिदृश्य 3. रोने-धोने की जगह 4. शोषण 5. विश्व बाज़ार 6. घातक 7. समाज 8. घातक प्रभाव 9. भौतिकतावाद 10. भावनाओं को आहत करने वाला 11. अधीन 12. मूल्यों 13. निस्सारता 14. धन प्राप्त करने का लोभ 15. भावना को आहत करना 16. अडिग 17. जीवित 18. श्रोताओं की भीड़ 19. आशा-भरी 20. जिज्ञासु 21. अनुभूतियों के उत्तराधिकारी 22. रक्षक 23. अस्त-व्यस्त 24. आशावर्द्धक 25. खोज और जिज्ञासा

सूची

उस ने क्या लाज रखी है मिरी गुमराही की
कि मैं भटकूँ तो भटक कर भी उसी तक पहुँचूँ

भटकता फिर रहा है दिल किनारों की तमन्ना में
तुम्हारे इश्क़ में डूबे तो बेड़ा पार हो जाये

तिरा ख़याल भी कैसा अजीब जादू है
जो सारी उम्र मिरी ज़िन्दगी पे चलता है

आँखों आँखों रहे और कोई घर न हो

आँखों आँखों रहे और कोई घर न हो
ख़्वाब[1] जैसा किसी का मुक़द्दर[2] न हो

क्या तमन्ना है रौशन तो सब हों मगर
कोई मेरे चराग़ों से बढ़ कर न हो

रोशनी है तो किस काम की रोशनी
आँख के पास जब कोई मंज़र[3] न हो

क्या अजब आरज़ू[4] घर के बूढ़ों की है
शाम हो तो कोई घर से बाहर न हो

जिसको कमतर[5] समझते रहे हो वसीम
मिल के देखो कहीं तुमसे बेहतर[6] न हो

---

1. सपना 2. क़िस्मत 3. दृश्य 4. कामना 5. हीन 6. श्रेष्ठ

ज़रूर हक़ तो किसी से अदा नहीं होता

ज़रूर हक़[1] तो किसी से अदा नहीं होता
मगर ये प्यार कभी बेवफ़ा[2] नहीं होता

ये दिल कि जिसकी रसाई[3] में क्या नहीं होता
दुखे बग़ैर किसी काम का नहीं होता

वह इतना टूट के मुझसे मिला नहीं होता
जो मेरा साथ उसे छोड़ना नहीं होता

जो ये बताये भटकना हो तो किधर जायें
सफ़र में ऐसा कोई नक़्शे-पा[4] नहीं होता

मना रहा था ज़माने को इक ज़माने से
मैं अपने आप से कब तक ख़फा[5] नहीं होता

ये एतबार[6] का रिश्ता इक ऐसा नश्शा है
कि मैं बिछड़ के भी तुझसे जुदा[7] नहीं होता

ज़रूर जब्र[8] हदों से गुज़र गया होगा
जो अपनी जान पे खेले बुरा नहीं होता

---

1. ज़िम्मेदारी, फ़र्ज़ 2. दग़ाबाज़, वादा न पूरा करने वाला 3. पहुँच 4. पैरों के चिह्न 5. क्रुद्ध 6. विश्वास, यक़ीन 7. अलग 8. अत्याचार

दूर से ही बस दरिया दरिया लगता है

दूर से ही बस दरिया[1] दरिया लगता है
डूब के देखो कितना प्यासा लगता है

तन्हा[2] हो तो घबराया सा लगता है
भीड़ में उसको देख के अच्छा लगता है

आज ये है कल और यहाँ होगा कोई
सोचो तो सब खेल तमाशा लगता है

मैं ही न मानूँ, मेरे बिखरने में वरना
दुनिया भर को हाथ तुम्हारा लगता है
ज़ेहन से काग़ज़ पर तस्वीर उतरते ही
एक मुसव्विर[3] कितना अकेला लगता है

प्यार के इस नश्शे को कोई क्या समझे
ठोकर में जब सारा ज़माना लगता है

भीड़ में रह कर अपना भी कब रह पाता
चाँद अकेला है तो सब का लगता है

शाख़[4] पे बैठी भोली-भाली इक चिड़िया
क्या जाने उस पर ही निशाना लगता है

---

1. नदी 2. अकेला 3. चित्रकार 4. डाल

उसकी आँखों से क्या नींद चुराना है

उसकी आँखों से क्या नींद चुराना है
ख़ुद को भी तो सारी उम्र जगाना है

तुझ तक जिस रस्ते से हो कर जाना है
उस पर तो पहले से एक ज़माना है

किससे बचना किससे हाथ मिलाना है
सबके पास अपना-अपना पैमाना[1] है

आग हवा पानी से जो भी रिश्ता हो
मिट्टी के हैं मिट्टी में मिल जाना है

कोई न समझे काश मिरी मजबूरी को
घर का ग़म ले कर महफ़िल[2] में जाना है

फल तो ख़ैर कहाँ उसके खा पाऊँगा
फिर भी पूरे शौक़ से पेड़ लगाना है

अन्दर से जब सारे रिश्ते बिखरे हों
घर आँगन की बात तो बाहर जाना है

. मापदण्ड 2. सभा, गोष्ठी

पाने को मरने वालों की दुनिया में
खोने वालों का भी एक घराना है

ओस का नन्हा सा क़तरा[1] समझायेगा
सूरज की नज़रों में कैसे आना है

---

1. बूँद

हम ये तो नहीं कहते कि हम तुझसे बड़े हैं

हम ये तो नहीं कहते कि हम तुझसे बड़े हैं
लेकिन ये बहुत है कि तिरे साथ खड़े हैं

वो आज को सर करके[1] दिखाने पर अड़े हैं
हम हैं कि अभी कल ही के पैरों पे खड़े हैं

ये बात तो उस बाग़ के हक़[2] में नहीं जाती
कुछ फूल भी काँटों की हिमायत[3] में खड़े हैं

रुसवाई[4] के इक डर को भी वह जीत न पाया
हम जिसके लिए सारे ज़माने से लड़े हैं

देते हैं वही फ़ैसले तूफ़ानों के रुख़ पर
जो एक ज़माने से किनारों पे खड़े हैं

हूँ ख़ाक[5] मगर मेरी मुहब्बत की बदौलत[6]
ये चाँद सितारे तिरे क़दमों में पड़े हैं

ये गूँगों की महफ़िल है निकलना ही पड़ेगा
क्या इतनी ख़ता[7] कम है कि हम बोल पड़े हैं

दुनिया से वसीम आयी निभाने की जहाँ बात
हम ख़ुद से अकेले में बहुत देर लड़े हैं

---

1. जीत कर 2. हित, पक्ष 3. समर्थन 4. बदनामी 5. मिट्टी 6. कारण 7. अपराध

दिल के ख़िलाफ़ चीज़ों पे जब से नज़र गयी

दिल के ख़िलाफ़[1] चीज़ों पे जब से नज़र गयी
दुनिया मिरी निगाह से कैसी उतर गयी

मेरे लिए सफ़र में तवाज़ुन[2] था मसअला[3]
वरना हर इक निगाह तो रफ़्तार पर गयी

थीं बदगुमानियाँ[4] तो तिरी गुफ़्तगू[5] में आज
थोड़ी सी एहतियात[6] परेशान कर गयी

मुहलत[7] कहाँ मिली कि उसे मुड़ के देखता
उम्रे-नज़र[8] सँभल भी न पायी गुज़र गयी

फिर क्या रही बहकने सँभलने की बात ही
सर से जहाँ लिहाज़[9] की चादर उतर गयी

क्या कीजिए मलाल[10] जवानी का ऐ वसीम
आँगन की धूप थी इधर आयी उधर गयी

---

1. विरुद्ध 2. सन्तुलन 3. समस्या 4. भ्रम 5. बातचीत 6. सावधानी 7. अवकाश 8. नज़र की आयु 9. लाज 10. पछतावा

कहाँ क़तरे की ग़मख़्वारी करे है

कहाँ क़तरे[1] की ग़मख़्वारी[2] करे है
समन्दर है अदाकारी[3] करे है

कोई माने न माने उसकी मर्ज़ी
मगर वह हुक्म तो जारी करे है

नहीं लम्हा भी जिसकी दस्तरस[4] में
वही सदियों[5] की तैयारी करे है

बड़े आदर्श हैं बातों में लेकिन
वो सारे काम बाज़ारी करे है

हमारी बात भी आये तो जानें
वो बातें तो बहुत सारी करे है

यही अख़बार[6] की सुर्ख़ी[7] बनेगी
ज़रा सा काम चिनगारी करे है

बुलावा आयेगा चल देंगे हम भी
सफ़र की कौन तैयारी करे है

---

1. बूँद 2. सहानुभूति 3. अभिनय 4. पहुँच 5. शताब्दियों 6. समाचार-पत्र 7. शीर्षक

मिले कुछ तो ख़ुशी होगी न कुछ जाये तो ग़म होगा

मिले कुछ तो ख़ुशी होगी न कुछ जाये तो ग़म होगा
तअल्लुक़[1] जितना इस दुनिया के हंगामों से कम होगा

कहाँ तक आँख रोयेगी कहाँ तक किसका ग़म होगा
मिरे जैसा यहाँ कोई न कोई रोज़ कम होगा

तुझे पाने की कोशिश[2] में कुछ इतना खो चुका हूँ मैं
कि तू मिल भी अगर जाये तो अब मिलने का ग़म होगा

समन्दर की ग़लतफ़हमी[3] से कोई पूछ तो लेता
ज़मीं का हौसला[4] क्या ऐसे तूफ़ानों से कम होगा

तिरी चाहत मुझे आख़िर समझने क्यों नहीं देती
किसी क़तरे से मिलने को समन्दर कितना कम होगा

न हो इक प्यार का रिश्ता जो पहचानें बनाता है
तो पूछेगा कोई मुझ को न तू इतना अहम[5] होगा

मुहब्बत नापने का कोई पैमाना नहीं होता
कहीं तू बढ़ भी सकता है कहीं तू मुझसे कम होगा

---

1. सम्बन्ध 2. प्रयास 3. समझ की भूल 4. उत्साह 5. महत्वपूर्ण

कितना दुश्वार था दुनिया ये हुनर आना भी

कितना दुश्वार[1] था दुनिया ये हुनर[2] आना भी
तुझसे ही फ़ासला[3] रखना तुझे अपनाना भी

कैसी आदाबे-नुमाइश[4] ने लगायीं शर्तें
फूल होना ही नहीं फूल नज़र आना भी

दिल की बिगड़ी हुई आदत से ये उम्मीद[5] न थी
भूल जायेगा ये इक दिन तिरा याद आना भी

जाने कब शहर के रस्तों का बदल जाये मिज़ाज
इतना आसाँ[6] तो नहीं लौट के घर आना भी

ऐसे रिश्ते का भरम रखना कोई खेल नहीं
तेरा होना भी नहीं और तिरा कहलाना भी

ख़ुद को पहचान के देखे तो ज़रा ये दरिया
भूल जायेगा समन्दर की तरफ़ जाना भी

जानने वालों की इस भीड़ से क्या होगा वसीम
इसमें ये देखिए कोई मुझे पहचाना भी

---

1. कठिन 2. कला 3. दूरी 4. प्रदर्शन के नियम 5. आशा 6. सरल

ये है तो सबके लिए हो ये ज़िद हमारी है

ये है तो सबके लिए हो ये ज़िद हमारी है
इस एक बात पे दुनिया से जंग[1] जारी है

उड़ान वालो! उड़ानों पे वक़्त भारी है
परों[2] की अब के नहीं हौसलों की बारी है

मैं क़तरा हो के भी तूफ़ाँ से जंग लेता हूँ
मुझे बचाना समन्दर की ज़िम्मेदारी है

उसी से जलते हैं सहरा-ए-आरज़ू[3] में चराग़
ये तिश्नगी[4] तो मुझे ज़िन्दगी से प्यारी है

कोई बताये ये उसके ग़ुरूरे बेजा[5] को
वो जंग[6] मैंने लड़ी ही नहीं जो हारी है

हर एक साँस पे पहरा है बे-यक़ीनी[7] का
ये ज़िन्दगी तो नहीं मौत की सवारी है

दुआ करो कि सलामत[8] रहे मिरी हिम्मत
ये इक चराग़ कई आँधियों पे भारी है

---

1. लड़ाई 2. पंखों 3. इच्छा के रेगिस्तान 4. प्यास 5. अनुचित गर्व 6. लड़ाई 7. अविश्वास 8. सुरक्षित

सबने मिलाये हाथ यहाँ तीरगी के साथ

सबने मिलाये हाथ यहाँ तीरगी[1] के साथ
कितना बड़ा मज़ाक़ हुआ रोशनी के साथ

शर्तें लगायी जातीं नहीं दोस्ती के साथ
कीजे मुझे क़बूल मिरी हर कमी के साथ

तेरा ख़याल तेरी तलब[2] तेरी आरज़ू
मैं उम्र भर चला हूँ किसी रोशनी के साथ

दुनिया मिरे ख़िलाफ़ खड़ी कैसे हो गयी
मेरी तो दुश्मनी भी नहीं थी किसी के साथ

किस काम की रही ये दिखावे की ज़िन्दगी
वादे किये किसी से गुज़ारी किसी के साथ

दुनिया को बेवफ़ाई का इल्ज़ाम[3] कौन दे
अपनी ही निभ सकी न बहुत दिन किसी के साथ

क़तरे वो कुछ भी पायें ये मुमकिन[4] नहीं वसीम
बढ़ना जो चाहते हैं समन्दरकुशी[5] के साथ

---

1. अँधेरा 2. कामना 3. आरोप 4. सम्भव 5. समुद्र की हत्या

तुझसे बिछड़ कर किसको कौन निभायेगा

तुझसे बिछड़ कर किसको कौन निभायेगा
दुनिया से रिश्ता ही क्या रह जायेगा

कब तक मेरी प्यास को यूँ बहलायेगा
साफ़ बता कब घर घर सावन आयेगा

तू क्या मेरे मन की प्यास बुझायेगा
दरिया देख के ख़ुद सहरा[1] हो जायेगा

तुम तो अपने आप में ही गुम रहते हो
तुम से किसी का प्यार न समझा जायेगा

झूठ के आगे पीछे दरिया चलते हैं
सच बोला तो प्यासा मारा जायेगा

प्यार सफ़र में राज़[2] नहीं बाँटे जाते
घर का भेदी हो तो लंका ढायेगा

धुआँ भरा हो जिन आँख़ों में नफ़रत का
उनसे कोई ख़्वाब[3] न देखा जायेगा

एक मदारी के जाने का ग़म किस को
ग़म तो ये है मजमा[4] कौन लगायेगा

---

1. मरुस्थल 2. भेद 3. सपना 4. भीड़, तमाशा देखने वालों का हुजूम

वो कहाँ जाता किसे कोई सफ़ाई देता

वो कहाँ जाता किसे कोई सफ़ाई[1] देता
अपने आगे जिसे कुछ भी न दिखाई देता

वह कोई जज़्बा[2] समझने ही को तैयार नहीं
मैं कहाँ तक उसे रिश्तों की दुहाई देता

एक अनदेखे सफ़र पर ही निकलना होगा
प्यार में रास्ता होता तो दिखाई देता

घर से निकला हूँ कि दिन जीत के अब लौटूँगा
रात आती तो यही ख़्वाब दिखाई देता

किस तरह घर के बड़े शहर जलाने निकले
काश बच्चों को ये मंज़र[3] न दिखाई देता

तुझसे हट कर मैं किसे देखता तेरे जैसा
कोई अन्दाज़ किसी में तो दिखाई देता

रोशनी देगा मिरे घर को कहाँ ऐसा चराग़
तेरे चेहरे की बदौलत जो दिखाई देता

---

1. अपने अपराधी न होने का प्रमाण 2. भावना 3. दृश्य

इस तरह तो मिलना कोई मिलना नहीं लगता

इस तरह तो मिलना कोई मिलना नहीं लगता
तन्हाई[1] में भी उसे तन्हा नहीं लगता

इक तेरे न होने से कुछ अच्छा नहीं लगता
इस शहर में क्या है जो अधूरा नहीं लगता

इस दौर का ये सच है मगर किस को बतायें
ग़ैरों[2] की तरह भी कोई अपना नहीं लगता

सीने से लिपटते ही पलट जाने पे ख़ुश हैं
लहरों को किनारों पे भरोसा नहीं लगता

बस साथ निभाने का हुनर[3] साथ है वरना
काँटे का किसी फूल से रिश्ता नहीं लगता

छीने लिये जाता है उमीदों[4] की चमक भी
ये तो मिरे ख़्वाबों का उजाला नहीं लगता

हर साल नये पत्ते बदल देते हैं तेवर
बूढ़ा है मगर पेड़ पुराना नहीं लगता

---

1. एकान्त 2. परायों 3. कला 4. आशाओं

मुझे तो क़तरा ही होना बहुत सताता है

मुझे तो क़तरा ही होना बहुत सताता है
इसीलिए तो समन्दर पे रहम आता है

वो इस तरह भी मिरी अहमियत[1] घटाता है
कि मुझ से मिलने में शर्तें बहुत लगाता है

बिछड़ते वक़्त किसी आँख में जो आता है
तमाम उम्र वह आँसू बहुत रुलाता है

कहाँ पहुँच गयी दुनिया उसे पता ही नहीं
जो अब भी माज़ी[2] के क़िस्से सुनाये जाता है

उठाये जायें जहाँ हाथ ऐसे जलसे में
वही बुरा जो कोई मसअला उठाता है

न कोई ओहदा[3] न डिग्री न नाम की तख़्ती
मैं रह रहा हूँ यहाँ मेरा घर बताता है

समझ रहा हो कहीं ख़ुद को मेरी कमज़ोरी[4]
तो उस से कह दो मुझे भूलना भी आता है

---

1. महत्व 2. अतीत 3. पद 4. दुर्बलता

कौन सी बात कहाँ कैसे कही जाती है

कौन सी बात कहाँ कैसे कही जाती है
ये सलीक़ा[1] हो तो हर बात सुनी जाती है

जैसा चाहा था तुझे देख न पाये दुनिया
दिल में बस एक ये हसरत[2] ही रही जाती है

एक बिगड़ी हुई औलाद[3] भला क्या जाने
कैसे माँ बाप के होंठों से हँसी जाती है

क़र्ज़ का बोझ उठाये हुए चलने का अज़ाब[4]
जैसे सर पर कोई दीवार गिरी जाती है

अपनी पहचान मिटा देना हो जैसे सब कुछ
जो नदी है वो समन्दर से मिली जाती है

आज के बिखरे हुए बच्चों की क़िस्मत[5] में कहाँ
वो कहानी जो बुज़ुर्गों[6] से सुनी जाती है

पूछना है तो ग़ज़ल वालों से पूछो जा कर
कैसे हर बात सलीक़े से कही जाती है

---

1. ढंग 2. लालसा 3. सन्तान 4. दण्ड 5. भाग्य 6. बड़े-बूढ़े लोग, पूर्वजों

धूप से आँख मिलाना ज़रा आसाँ ठहरे

धूप से आँख मिलाना ज़रा आसाँ ठहरे
सर पे कुछ दिन तो कोई साया-ए-दामाँ[1] ठहरे

बस्तियाँ हो गयीं वीरान सभी जानते हैं
आपसे कौन कहे आप निगहबाँ[2] ठहरे

ज़िक्र में अपनी ज़ेहानत[3] भी बहुत थी लेकिन
रू-ब-रू[4] तेरे जब आये वही नादाँ[5] ठहरे

तेज़ रफ़्तारी से लड़ने की अजब दौड़ में है
साँस लेने के लिए तो ज़रा इन्साँ ठहरे

मस्लहत[6] ये है कि उलझें न अभी तूफ़ाँ से
हम कि टूटी हुई कश्ती के निगहबाँ ठहरे

बात बनने नहीं पाती कि बिगड़ जाती है
दिल में कुछ देर तो मेरे कोई अरमाँ ठहरे

हम पे रहमत ही ख़ुदा की थी कुछ ऐसी कि वसीम
दुश्मनों में भी रहे हम तो नुमायाँ[7] ठहरे

---

1. दामन की छाँव 2. देख-रेख करने वाला, रखवाला 3. बुद्धि 4. आमने-सामने 5. नासमझ 6. अवसर 7. उभरा हुआ

कही-सुनी पे बहुत एतबार करने लगे

कही-सुनी पे बहुत एतबार[1] करने लगे
मिरे ही लोग मुझे संगसार[2] करने लगे

पुराने लोगों के दिल भी हैं ख़ुशबुओं की तरह
ज़रा किसी से मिले एतबार करने लगे

नये ज़माने से आँखें नहीं मिला पाये
तो लोग गुज़रे ज़माने से प्यार करने लगे

हमारी सादामिज़ाजी[3] की दाद[4] दे कि तुझे
बग़ैर परखे तिरा एतबार करने लगे

नज़र में चढ़ता नहीं फिर नज़र से गिरता है
जो हद से बढ़ के कोई इन्किसार[5] करने लगे

कोई इशारा दिलासा न कोई वादा मगर
जब आयी शाम तिरा इन्तिज़ार[6] करने लगे

तुझे ही ढूँढने निकले थे तेरे दीवाने
तो ये हुआ तिरी दुनिया से प्यार करने लगे

---

1. भरोसा, विश्वास 2. पत्थरों से मार कर दिया गया मृत्यु-दण्ड 3. सरल हृदयता 4. प्रशंसा 5. विनम्रता 6. प्रतीक्षा

कुछ ऐसा मोजज़ा लफ़्ज़ों के साथ हो जाये

कुछ ऐसा मोजज़ा[1] लफ़्ज़ों[2] के साथ हो जाये
जो मैं कहूँ वो ज़माने की बात हो जाये

हमारे पास कहाँ वक़्त जीतने का हुनर[3]
जो दिन को ढूँढने निकलें तो रात हो जाये

बुरी चली है हवा हमसफ़र[4] बदलने की
न जाने कौन कहाँ किस के साथ हो जाये

बस एक प्यार ही ऐसा बुरा खिलाड़ी है
जो चाल भी न चले और मात हो जाये

वो लाख जाने-सफ़र हो मगर उसे ये लगे
सफ़र में जैसे कोई यूँ ही साथ हो जाये

मैं तेरे काम का, दुनिया! कभी न हो पाऊँ
तो मुझ को लगता है मेरी निजात[5] हो जाये

क़ुसूरवार न ठहराना कल मिरे बादल
जो मेरी प्यास हवाओं के साथ हो जाये

---

1. चमत्कार 2. शब्दों 3. इल्म, कला 4. सहयात्री 5. छुटकारा, मुक्ति

महफ़िलों महफ़िलों ये तन्हाई

महफ़िलों[1] महफ़िलों ये तन्हाई[2]
शहर में रह के भी हैं सहराई[3]

इतना हस्सास[4] भी न होना था
मुस्कुराये तो आँख भर आयी

मैंने तो उसमें इक जहाँ[5] देखा
मुझमें क्या बात उसे नज़र आयी

महफ़िलों की हँसी के चर्चे हैं
कौन समझा मिज़ाजे तन्हाई

डूबती ज़िन्दगी अँधेरों में
फिर कहीं से दिया उठा लायी

दोस्ती से सदाक़तें[6] रुठीं
रह गयी दुश्मनी में सच्चाई

जायदादें कहाँ बटीं उनमें
जायदादों में बँट गये भाई

---

1. सभाओं, गोष्ठियों 2. एकान्त 3. वीराने में रहने वाले 4. संवेदनशील 5. दुनिया 6. सच्चाइयाँ

चाँद का ख़्वाब उजालों की नज़र लगता है

चाँद का ख़्वाब उजालों की नज़र लगता है
तू जिधर हो के गुज़र जाये ख़बर[1] लगता है

उसकी यादों ने उगा रक्खे हैं सूरज इतने
शाम का वक़्त भी आये तो सहर[2] लगता है

एक मंज़र पे ठहरने नहीं देती फ़ितरत[3]
उम्र भर आँख की क़िस्मत में सफ़र लगता है

मैं नज़र भर के तिरे जिस्म को जब देखता हूँ
पहली बारिश में नहाया सा शजर[4] लगता है

बेसहारा था बहुत प्यार कोई पूछता क्या
तूने काँधों पे जगह दी है तो सर लगता है

तेरी क़ुर्बत[5] के ये लम्हे[6] उसे रास आयें क्या
सुबह होने का जिसे शाम से डर लगता है

---

1. समाचार 2. सुबह, प्रभात 3. प्रकृति 4. पेड़ 5. निकटता 6. क्षण

तुझको सोचा तो पता हो गया रुसवाई को

तुझको सोचा तो पता हो गया रुसवाई को
मैं ने महफ़ूज़[1] समझ रक्खा था तन्हाई को

जिस्म[2] की चाह लकीरों से अदा करता है
ख़ाक समझेगा मुसव्विर[3] तिरी अँगड़ाई को

अपनी दरयाई पे इतरा न बहुत ऐ दरिया
एक क़तरा ही बहुत है तिरी रुसवाई को

चाहे जितना भी बिगड़ जाये ज़माने का चलन
झूठ से हारते देखा नहीं सच्चाई को

साथ मौजों[4] के सभी हों जहाँ बहने वाले
कौन समझेगा समन्दर तिरी गहराई को

अपनी तन्हाई भी कुछ कम न थी मसरूफ़[5] वसीम
इसलिए छोड़ दिया अंजुमनआराई[6] को

---

1. सुरक्षित 2. शरीर 3. चित्रकार 4. लहरों 5. व्यस्त 6. महफ़िल सजाना

हमें कममायगी का अपनी अन्दाज़ा नहीं होता

हमें कममायगी[1] का अपनी अन्दाज़ा नहीं होता
जिसे कहते हैं अपना घर वही अपना नहीं होता

बिछड़ के तुझसे रहता है हमेशा एक सा मौसम
अचानक तेरे मिल जाने से ग़म ताज़ा नहीं होता

हमारा ये है हर कश्ती पे चढ़ कर बैठ जाते हैं
डुबो देगी कहाँ जा कर ये अन्दाज़ा नहीं होता

मिरे बच्चो ! तुम्हें कितनी ही मैं आसानियाँ[2] दे दूँ
बिना ठोकर लगे कोई सफ़र पूरा नहीं होता

अगर सरदार[3] बाज़ारों में बिकने को न आ जाते
क़बीले का मिरे हर बार यूँ सौदा नहीं होता

मुहब्बत पे ये दिल वाले भरोसा करके देखें तो
वहीं रस्ता निकलता है जहाँ रस्ता नहीं होता

---

1. ग़रीबी 2. सरलताएँ, सुविधाएँ 3. नेता, मुखिया

तहरीर से वरना मिरी क्या हो नहीं सकता

तहरीर[1] से वरना मिरी क्या हो नहीं सकता
इक तू है जो लफ़्ज़ों में अदा[2] हो नहीं सकता

आँखों में ख़यालों में जो साँसों में बसा है
चाहे भी तो मुझसे वह जुदा हो नहीं सकता

जीना है तो ये जब्र[3] भी सहना ही पड़ेगा
क़तरा हूँ समन्दर से ख़फ़ा[4] हो नहीं सकता

गुमराह[5] किये होंगे कई फूल से जज़्बे[6]
ऐसे तो कोई राहनुमा[7] हो नहीं सकता

क़द[8] मेरा बढ़ाने का उसे काम मिला है
जो अपने ही पैरों पे खड़ा हो नहीं सकता

ऐ प्यार तिरे हिस्से में आया तिरी क़िस्मत
वह दर्द जो चेहरों से अदा हो नहीं सकता

---

1. रचना 2. वर्णन 3. अत्याचार 4. नाराज़ 5. पथभ्रष्ट 6. भावनाएँ 7. मार्गदर्शक 8. व्यक्तित्व

मिरी नज़र के सलीक़े में क्या नहीं आता

मिरी नज़र के सलीक़े में क्या नहीं आता
बस इक तिरी ही तरफ़ देखना नहीं आता

अकेले चलना तो मेरा नसीब था कि मुझे
किसी के साथ सफ़र बाँटना नहीं आता

उधर तो जाते हैं रस्ते तमाम[1] होने को
इधर से हो के कोई रास्ता नहीं आता

जगाना आता है उसको कई तरीक़ों से
घरों पे दस्तकें देने ख़ुदा नहीं आता

यहाँ पे तुम ही नहीं आस पास और भी हैं
पर उस तरह से तुम्हें सोचना नहीं आता

पड़े रहो यूँ ही सहमे हुए दियों की तरह
अगर हवाओं के पर बाँधना नहीं आता

---

1. पूरा होना, समाप्त होना

हुस्न बाज़ार हुआ क्या कि हुनर ख़त्म हुआ

हुस्न बाज़ार हुआ क्या कि हुनर ख़त्म हुआ
आया पलकों पे तो आँसू का सफ़र ख़त्म हुआ

मेरे सच ने ही अकेला मुझे करके छोड़ा
रफ़्ता-रफ़्ता[1] मिरा लोगों पे असर[2] ख़त्म हुआ

ज़िन्दगी तूने अजब जंग का मैदान दिया
मैं न ज़िन्दा[3] ही बचा और न डर ख़त्म हुआ

उम्र भर[4] तुझसे बिछड़ने की कसक ही न गयी
कौन कहता है मुहब्बत का असर ख़त्म हुआ

नयी कॉलोनी में बच्चों की ज़िदें ले तो गयीं
बाप दादा का बनाया हुआ घर ख़त्म हुआ

जा, हमेशा को मुझे छोड़ के जाने वाले
तुझ से हर लम्हा[5] बिछड़ने का तो डर ख़त्म हुआ

---

1. धीरे-धीरे 2. प्रभाव 3. जीवित 4. जीवन भर 5. क्षण

अँधेरा ज़ेहन का सम्ते-सफ़र जब खोने लगता है

अँधेरा ज़ेहन का सम्ते-सफ़र[1] जब खोने लगता है
किसी का ध्यान आता है उजाला होने लगता है

वह जितनी दूर हो उतना ही मेरा होने लगता है
मगर जब पास आता है तो मुझसे खोने लगता है

किसी ने रख दिये ममता भरे दो हाथ क्या सर पर
मिरे अन्दर कोई बच्चा बिलक कर[2] रोने लगता है

मुहब्बत चार दिन की और उदासी ज़िन्दगी भर की
यही सब देखता है और कबीरा रोने लगता है

समझते ही नहीं नादान कै[3] दिन की है मिलकीयत[4]
पराये खेतों पे अपनों में झगड़ा होने लगता है

ये दिल बच कर ज़माने भर से चलना चाहे है लेकिन
जब अपनी राह चलता है अकेला होने लगता है

---

1. यात्रा-दिशा 2. फूट-फूट कर 3. कितने 4. स्वामित्व

अजीब है कि मुझे रास्ता नहीं देता

अजीब है कि मुझे रास्ता नहीं देता
मैं उस को राह से जब तक हटा नहीं देता

मुझे भी चाहिए कुछ वक़्त ख़ुद से मिलने को
मैं हर किसी को तो अपना पता नहीं देता

ये अपनी मर्ज़ी से अपनी जगह बनाते हैं
समन्दरों को कोई रास्ता नहीं देता

ज़रूर है किसी गर्दन पे रोशनी का ख़ून
कोई चराग़ तो ख़ुद को बुझा नहीं देता

मिरी निगाह की गुस्ताख़ियाँ[1] समझता है
वह जाने क्यों मुझे फिर भी सज़ा नहीं देता

ये छोटे-छोटे दिये साज़िशों में रहते हैं
किसी का घर कोई सूरज जला नहीं देता

---

1. बदतमीज़ी

रात के टुकड़ों पे पलना छोड़ दे

रात के टुकड़ों पे पलना छोड़ दे
शम्म'[1] से कहना कि जलना छोड़ दे

मुश्किलें[2] तो हर सफ़र का हुस्न हैं
कैसे कोई राह चलना छोड़ दे

मैं तो ये हिम्मत दिखा पाया नहीं
तू ही मेरे साथ चलना छोड़ दे

लोग इस मंज़र के आदी हो चुके
क्या करे सूरज निकलना छोड़ दे

तुझसे उम्मीदे-वफ़ा[3] बेकार है
कैसे इक मौसम बदलना छोड़ दे

कुछ तो कर आदाबे-महफ़िल[4] का लिहाज़
यार ये पहलू बदलना छोड़ दे

---

1. दीपक 2. कठिनाइयाँ 3. वफ़ा की उम्मीद 4. महफ़िल के नियम

ये क़तरे क्या समझ कर शोर के पत्थर सँभाले हैं

ये क़तरे क्या समझ कर शोर के पत्थर सँभाले हैं
कहीं ऐसे समन्दर की नज़र में आने वाले हैं

दिखायें तो किसे, किसकी नज़र में आने वाले हैं
तुम्हारे जिस्म की ख़ुशबू ने जो मौसम निकाले हैं

उन्हीं के खोखले दावों[1] में सुल्तानी[2] हवाले हैं
वो जिन लोगों ने पुरखों के खँडर तक बेच डाले हैं

अँधेरे फिर छुपा लेते हैं हर अच्छा बुरा अपना
हमारे बेज़बाँ ख़्वाबों के दुश्मन तो उजाले हैं

चलो आज़ाद[3] हो कर प्यार के बारे में अब सोचो
तुम्हें कमज़ोर जो करते वो आँसू पोंछ डाले हैं

वसीम अपनी समझ में तो बस इतनी बात आयी है
जो टूटे दिल सँभाले हैं वही अल्लाह वाले हैं

---

1. डींग, शेख़ी 2. राज, बादशाही 3. स्वाधीन, स्वतन्त्र

वो भी क्या दिन थे कि जब प्यार में डर लगता था

वो भी क्या दिन थे कि जब प्यार में डर लगता था
पास से उसके गुज़रना भी हुनर लगता था

आने वाले किसी लम्हे पे भरोसा न हुआ
जाने किस बात का ऐसा मुझे डर लगता था

अब तो ये जीने की आदत सी हुई जाती है
इक ज़माना था कि जीना भी हुनर[1] लगता था

ज़िन्दगी ख़ौफ़[2] किसी ने भी न खाया तुझ से
जिस को भी देखा उसे मौत से डर लगता था

अब तो हम हैं दरो-दीवार[3] से बातें हैं वसीम
साथ बच्चे रहा करते थे तो घर लगता था

---

1. कला 2. डर 3. द्वार और दीवार

न मेरी धूप, न साया, न रास्ता मेरा

न मेरी धूप, न साया, न रास्ता मेरा
तुझे पता है तिरे बाद क्या हुआ मेरा

कुछ इतना देखा ज़माने में ये तिरा मेरा
कि दोस्ती[1] से भरोसा ही उठ गया मेरा

इक ऐसे शख़्स[2] के हाथों में दे दिया ख़ुद को
जो लम्हा भर के लिए भी न हो सका मेरा

जो रखना पड़ता समाजी नुमाइशों[3] का भरम
बिछड़ के तुझसे ज़माने में था ही क्या मेरा

मिरी ही कमियों पे जिस की निगाह रहती थी
वो कोई और कहाँ एक दोस्त था मेरा

---

1. मित्रता 2. व्यक्ति 3. प्रदर्शन

ज़ख़्म को फूल कहा दर्द में दरमाँ देखा

ज़ख़्म को फूल कहा दर्द में दरमाँ[1] देखा
प्यार जैसा भी किसी ने कोई नादाँ[2] देखा

मैंने तुझ से तो बहुत देखे मगर ये तो बता
तूने मुझ सा भी कोई गरदिशे-दौराँ[3] देखा

क़तरा होने की सआदत[4] कोई मुझसे पूछे
मैंने अपने लिए दरिया को परीशाँ देखा

उम्र भर प्यार निभाना तो बड़ा मुश्किल था
चुन लिया उसने वही रस्ता जो आसाँ देखा

दिन कि सूरज के सवालों से उलझते गुज़री
रात को अपने चराग़ों से परीशाँ देखा

---

1. उपचार, इलाज 2. बेवकूफ़ 3. काल-चक्र 4. सौभाग्य

सहर से पैदा हुआ था सहर से शाम हुआ

सहर से पैदा हुआ था सहर से शाम हुआ
कहाँ से क़िस्सा चला था कहाँ तमाम हुआ

हँसी ने जाल तो फैलाये साज़िशों के बहुत
मगर हुआ तो फिर आँसू का एहतराम[1] हुआ

यहाँ अदब[2] भी सियासत[3] से बच नहीं पाया
किसी ने ख़ून जलाया किसी का नाम हुआ

हम एक लम्हा भी अपनी तरह न जी पाये
तमाम उमर अजब मस्लहत[4] से काम हुआ

किसी के जिस्म से आगे कुछ और था ही नहीं
मैं और बढ़ता मगर सिलसिला तमाम[5] हुआ

---

1. इज़्ज़त, आदर-सम्मान 2. साहित्य 3. राजनीति 4. अच्छे-बुरे का विचार 5. पूर्ण

उसने मेरी राह न देखी और वह रिश्ता तोड़ लिया

उसने मेरी राह न देखी और वह रिश्ता तोड़ लिया
जिस रिश्ते की ख़ातिर मुझसे दुनिया ने मुँह मोड़ लिया

बड़ी बड़ी ख़ुशियों के हाँ[1] नज़दीक से जा कर देखा तो
मैने राह के चलते फिरते दुख से नाता जोड़ लिया

मैं कितने रंगों में ढलता कब तक ख़ुद से लड़ पाता
जीवन एक सफ़र था जिसने रोज़ नया इक मोड़ लिया

ऐसे शख़्स को मीर[2] बनाया जो बस ख़्वाब दिखाता था
बस्ती के लोगों ने अपना आप मुक़द्दर फोड़ लिया

मैं तो भोला भाला वसीम और वो फ़नकार[3] सियासत का
उसके जब घटने की बारी आयी मुझको जोड़ लिया

---

1. यहां 2. अगुवा, नायक 3. कलाकार

वो मुझको क्या बताना चाहता है

वो मुझको क्या बताना चाहता है
जो दुनिया से छुपाना चाहता है

मुझे देखो कि मैं उसको ही चाहूँ
जिसे सारा ज़माना चाहता है

क़लम करना[1] कहाँ है उसका मंशा[2]
वो मेरा सर झुकाना चाहता है

शिकायत का धुआँ आँखों से दिल तक
तअल्लुक़[3] टूट जाना चाहता है

तक़ाज़ा[4] वक़्त का कुछ भी हो ये दिल
वही क़िस्सा पुराना चाहता हैं

1. काटना 2. मन्तव्य 3. सम्बन्ध 4. माँग, अपेक्षा

उसे तलाश हो अब क्या किसी बहाने की

उसे तलाश हो अब क्या किसी बहाने की
हमीं को पड़ गयी आदत फ़रेब[1] खाने की

फिर आये लोग हुईं कोशिशें मनाने की
मगर वो मैं कि न समझा हवा ज़माने की

तुम्हारी ज़िद है अगर फ़ासला बढ़ाने की
तो हम भी आखिरी कोशिश[2] में हैं निभाने की

तिरी नज़र को चुरा कर कोई कहाँ ले जाये
तिरी नज़र तो नज़र में है इक ज़माने की

तुम्हारे हाथों में हम कैसे बस्तियाँ सौंपें
तुम्हारे हाथों को आदत है घर जलाने की

1. धोखा 2. प्रयास

इस ज़िन्दगी में लौट भी आया है जो गया

इस ज़िन्दगी में लौट भी आया है जो गया
एक तू ही बस कुछ ऐसा गया ख़्वाब हो गया

तू, सारी एहतियात[1] बरतने के बावजूद
कुछ ऐसी भीड़ भी तो नहीं थी जो खो गया

अब तुझ से फ़ासलों का भला क्या रखूँ हिसाब
मैं अपने आपसे ही बहुत दूर हो गया

जादूई जंगलों का सफ़र तेरा प्यार था
हँस के जो पीछे देखा तो आँसू का हो गया

अपना वुजूद[2] खो के भी क़तरों[3] को क्या मिला
सारे जहाँ[4] में नाम समन्दर का हो गया

---

1. सावधानी 2. अस्तित्व 3. बूँदों 4. दुनिया

उदासियों में भी रस्ते निकाल लेता है

उदासियों में भी रस्ते निकाल लेता है
अजीब दिल है गिरूँ तो सँभाल लेता है

ये कैसा शख़्स है कितनी ही अच्छी बात कहो
कोई बुराई का पहलू निकाल लेता है

ढले तो होती है कुछ और एहतियात की उम्र
कि बहते बहते ये दरिया उछाल लेता है

बड़े बड़ों की तरहदारियाँ[1] नहीं चलतीं
उरूज[2] तेरी ख़बर जब ज़वाल[3] लेता है

जब उसके जाम[4] में एक बूँद तक नहीं होती
वो मेरी प्यास को फिर भी सँभाल लेता है

1. हाव-भाव, बाँकपन 2. उत्थान 3. पतन 4. प्याला

ये अपना ज़र्फ़ है जो दर-बदर होने नहीं देता

ये अपना ज़र्फ़[1] है जो दर-बदर होने नहीं देता
इधर हो जाइए तो फिर उधर होने नहीं देता

किसी कोशिश को मेरी कारगर होने नहीं देता
ये घर का ख़्वाब है जो घर को घर होने नहीं देता

ख़ुदा महफ़ूज़[2] रखना चाहता है जब दिया कोई
तो फिर ज़ालिम[3] हवाओं को ख़बर होने नहीं देता

ज़मीनी ख़ाकसारी का भरम रखने की ख़ातिर वो
बलन्दी[4] को बहुत दिन दर्दे-सर होने नहीं देता

---

1. योग्यता, पात्रता, संयम 2. सुरक्षित 3. अत्याचारी 4. ऊँचाई

जिससे रिश्ता है कारोबार का है

जिससे रिश्ता है कारोबार का है
एक भी कोई एतबार[1] का है

वादा करके कहीं न आ जाना
सारा नश्शा तो इन्तज़ार[2] का है

गीत, ग़ज़लें, कहानियाँ, नज़्में
सारा क़िस्सा बस एक प्यार का है

अपने ही क़द के हो गये बच्चे
अब कहाँ कोई इख़्तियार[3] का है

---

1. विश्वास 2. प्रतीक्षा 3. नियन्त्रण, वश

जहाँ दरिया कहीं अपने किनारे छोड़ देता है

जहाँ दरिया कहीं अपने किनारे छोड़ देता है
कोई उठता है और तूफ़ान का रुख़ मोड़ देता है

मुझे बे-दस्तो-पा[1] करके भी ख़ौफ़ उसका नहीं जाता
कहीं भी हादिसा गुज़रे वह मुझसे जोड़ देता है

बिछड़ के तुझसे कुछ जाना अगर तो इस क़दर जाना
वो मिट्टी हूँ जिसे दरिया किनारे छोड़ देता है

मुहब्बत में ज़रा सी बेवफ़ाई तो ज़रूरी है
वही अच्छा भी लगता है जो वादे तोड़ देता है

---

1. हाथ-पाँव के बग़ैर

जब्र का ज़हर कुछ भी हो पीता नहीं

जब्र[1] का ज़हर कुछ भी हो पीता नहीं
मैं ज़माने की शर्तों पे जीता नहीं

देखे जाते नहीं मुझसे हारे हुए
इसलिए मैं कोई जंग जीता नहीं

अपनी सुबहों के सूरज उगाता हूँ ख़ुद
मैं चराग़ों की साँसों से जीता नहीं

उम्र भर ज़ाब्तों[2] की हदों में रहा
इसलिए मैं किसी का चहीता नहीं

1. ज़ोर-ज़बरदस्ती 2. नियमों

तख़ातुब में जो मेरे नाम का ऐलान हो जाये

तख़ातुब[1] में जो मेरे नाम का ऐलान हो जाये
तुम्हारा क्या बिगड़ता है मिरी पहचान हो जाये

किसी से कोई भी उम्मीद रखना छोड़ कर देखो
तो ये रिश्ते निभाना किस क़दर आसान हो जाये

तिरे क़दमों से रौशन हैं सफ़र की रौनक़ें सारी
तू जिस रस्ते पे चलना छोड़ दे वीरान हो जाये

दबाये जाने से इक मौज बेवक़अत[2] नहीं होती
यही ख़तरा बहुत है कब कोई तूफ़ान हो जाये

1. सम्बोधित, आमने-सामने बात करना 2. अमान्य, उपेक्षित

मुरझाया हुआ फूल नज़र में नहीं रहता

मुरझाया हुआ फूल नज़र में नहीं रहता
बेवजह[1] यहाँ कोई ख़बर में नहीं रहता

ये सच है कि मुद्दत से अँधेरों में घिरा हूँ
फिर भी मैं अँधेरों के असर[2] में नहीं रहता

कुछ है कि जो घर दे नहीं पाता है किसी को
वरना कोई ऐसे तो सफ़र में नहीं रहता

पत्थर हो कि शीशा हो तरशना तो है एक दिन
बेख़ौफ़ कोई दस्ते-हुनर[3] में नहीं रहता

---

1. बिना कारण 2. प्रभाव 3. कुशल हाथ

हमारे ज़ख़्मों पे पर्दा ज़रूर डाल दिया

हमारे ज़ख़्मों पे पर्दा ज़रूर डाल दिया
कमाँ से तीर कहाँ आपने निकाल दिया

न दी ज़बान मगर क्या अजब कमाल दिया
ख़मोश रह के भी कहता है दिल का हाल दिया

जहाँ सफ़र में इरादों की हिम्मतें टूटीं
ज़रूर तूने कोई रास्ता निकाल दिया

बड़े सलीक़े से इस दौरे-बदगुमानी[1] में
किसी का बोझ किसी ने किसी पे डाल दिया

---

1. अविश्वास और भ्रम के दौर में

क़त्आत

ख़त्म कब हो ये कुछ नहीं मालूम
हर नफ़स[1] पर है मौत का ख़तरा
ज़िन्दगी इस तरह है दुनिया में
जैसे काँटे पे ओस का क़तरा

कैसी तौहीन[2] लफ़्ज़े-हस्ती[3] है
रहने वालो, ये कैसी बस्ती है
मौत को लोग देते है काँधा
ज़िन्दगी रहम[4] को तरसती है

दूसरों को मिटाने की धुन में
आदमी ख़ुद को यूँ मिटाता है
जैसे चुभने की फ़िक्र में काँटा
शाख़ से ख़ुद ही टूट जाता है

---

1. साँस 2. अपमान 3. अस्तित्व 4. दया

चाँद सहरा-ए-बेकराँ[1] निकला
क्या सराबों[2] का ख़ून होता है
इक हक़ीक़त को मानने के लिए
कितने ख़्वाबों का ख़ून होता है

आदमी ज़ुल्मो-जब्र[3] का बानी[4]
आदमी का वुजूद शर-अफ़ज़ा[5]
हाय क्या शय[6] है मै[7] जिसे पी कर
आदमी आदमी नहीं रहता

दर-ब-दर सर झुकाये फिरता है
आरज़ी[8] इक़्तदार[9] की ख़ातिर
कितना मजबूर हो के जीता है
आदमी इख़्तियार की ख़ातिर

---

1. असीम रेगिस्तान 2. मृगतृष्णा 3. अन्याय और अत्याचार 4. जनक 5. बुराई को बढ़ाने वाला 6. चीज़ 7. शराब 8. अस्थायी, क्षणभंगुर 9. सत्ता

मेरी तन्हाइयाँ भी शायर हैं
नज़रे अशआरो-जाम रहती हैं
अपनी यादों का सिलसिला रोको
मेरी नींदें हराम रहती हैं

ख़ुद को यूँ ख़ात्म करके इक मैख़्वार[1]
एक जामे-शराब[2] पीता है
जैसे हिन्दोस्तान का फ़नकार
अपने मरने के बाद जीता है

खिले है रोज़ ही तेरे ख़याल का इक फूल
तमाम दिन ग़मे-दुनिया की धूप खाये है
फिर उसके बाद बिखर कर ये शाख़े-हसरत[4] से
मज़ारे-शाम[5] के आँगन में फैल जाये है

---

1. शराबी 2. शराब का प्याला 3. दुनिया का ग़म 4. इच्छा की टहनी 5. शाम का आँगन, रात

तुम तो हँसमुख थे क़ब्र पर मेरी
किसलिए महवे-यास[1] बैठे हो
मैं ज़माने से रूठ आया हूँ
जाने तुम क्यों उदास बैठे हो

बहुत दिनों में जो देखा तो देख कर तुमको
ख़मोश है दिले-शायर की इस तरह धड़कन
गुज़िश्ता[2] शब[3] की तसव्वुर फ़रोशियों[4] के बाद
सुहागरात को जैसे थकी-थकी सी दुल्हन

तूने पाला है तेरा क्या लेंगे
ज़िन्दगी भर तुझे दुआ देंगे
बाग़बाँ[5] छोड़ दे उन्हें ये फूल
और कुछ देर मुस्कुरा लेंगे

चिन्तामग्न 2. विगत 3. रात 4. विचारों में खो जाना 5. माली

फूल ख़ुद अपने हुस्न में गुम है
उसको कब चाहने की फ़ुरसत है
आओ काँटों से दोस्ती कर लें
जिनको हमदर्द[1] की ज़रूरत है

तुझसे बिछड़ा तो सोचता हूँ मैं
ख़ुद को कब तक सँभाल पाऊँगा
ज़ितनी बातें हैं उतनी यादें हैं
कैसे-कैसे उन्हें भुलाऊँगा

मौत के बाद भी तो चलता है
ज़िन्दगी तेरे जब्र का नाटक
फूल हँसते हुए ही जाते हैं
शाख़ से बाग़बाँ की झोली तक

---

1. दुख-दर्द बाँटने वाला

हुस्न[1] हर आँख की अमानत[2] है
हुस्न ख़्वाबों के काम आता है
हुस्न जलवों[3] ही तक नहीं महदूद[4]
हुस्न हुस्ने-नज़र बढ़ाता है

मेरी तन्हाइयों से तेरी याद
जब तिरा ज़िक्र छेड़ देती है
यूँ बहुत से ख़याल आते हैं
जैसे इक कंकरी के गिरने से
इक तलैया के आबेवस्ता[5] में
घेरे पड़ते हैं फैल जाते हैं

1. सुन्दरता 2. धरोहर 3. प्रदर्शन 4. सीमित 5. ठहरा हुआ पानी

एहतमामे - शबाबे - दोशीज़ा[1]
इक नये इन्क़लाब की धुन में
ऐसे रुख़ इख़्तियार करता है
जैसे खिलने के बाद ही इक फूल
शाख़ से तोड़ लेने वाले का
फ़ितरतन[2] इन्तज़ार करता है

तिरी फ़िरऔनियत[3] की है तो बस औक़ात इतनी ही
बहा कर बेगुनाहों का लहू इतराना आता है
गुरूरे-बेख़बर ये बात तुझको कौन समझाये
वो सर झुक ही नहीं सकता जिसे कट जाना आता है

किसी मक़सद पे मर मिटने की धुन कुछ और होती है
जहाँ जज़्बा ही जज़्बा हो सियासत लड़ नहीं सकती
गुरूरे-वक़्त तेरी बेबसी किस रोज़ समझेगी
फ़क़ीरी से कोई दुनिया की ताक़त लड़ नहीं सकती

---

1. अल्हड़ लड़की की जवानी 2. स्वभावतः 3. अत्याचार, मिस्र के पौराणिक सम्राट की तरह अन्याय और अत्याचार

एक इन्सानियतसोज़[1] मंज़र की नज़र

जिस शाख़ पे खिलना था वही क़ब्र है तेरी
वहशत[2] कभी इतनी तो गुनहगार नहीं थी
ऐ फूल, तिरा दर्द ही कहता है कि तूने
अच्छा है ये काँटों भरी दुनिया नहीं देखी

किसी को मीर कहते हैं किसी के साथ चलते हैं
पढ़े लिक्खों का अपना ही कोई चेहरा नहीं होता
मगर ये मलगजे[3] कपड़ों में सीधे सादे अनपढ़ लोग
उन्हें पहचानने में कोई भी धोखा नहीं होता

सितम[4] के हाथ पे बैअत[5] तो हो नहीं सकती
अब इम्तिहाँ की घड़ी है तो टाल दें कैसे
जो होता पाँव में काँटा निकाल सकते थे
किसी के ज़ेहन का काँटा निकाल दें कैसे

---

1. मानवता को जलाने वाला, मानवता को लज्जित करने वाला, 2. पागलपन 3. मैले-कुचैले 4. अत्याचार 5. शिष्यत्व ग्रहण करना

हर एक फूल के दिल में घुटा-घुटा सा धुआँ
बहार ऐसी किसी की नज़र से गुज़री है
ये सोगवारी-ए-गुलशन[1] बता रही है वसीम
कोई उदास हसीना[2] इधर से गुज़री है

मंज़िलें दूर होती जाती हैं
फ़ासले हैं कि कम नहीं होते
हाय क़िस्मत कि अब शरीके-सफ़र[3]
मेरे अपने क़दम नहीं होते

मेरे शेरों को तेरी दुनिया में
मेरे दिल का ग़ुबार लाया है
मेरे शेरों को ग़ौर से मत सुन
उनमें तेरा भी ज़िक्र आया है

---

1. बाग़ की उदासी 2. सुन्दरी 3. सफ़र का साथी

दिल की वादी[1] में उतरते हुए सहमे-सहमे
तेरी महजूब[2] निगाहों के वो आहिस्ता क़दम
जैसे इक शोख़[3] हसीना की किसी बाजे पर
उँगलियाँ पहले-पहल ढूँढ रही हों सरगम

मुशायरे में कल इक नाज़नीं[4] ने मुझसे वसीम
कहा बग़ैर तरन्नुम[5] के आपकी ये ग़ज़ल
लगी हसीन मगर बिलकुल इस तरह जैसे
अँधेरी रात की ख़ामोशियों में ताजमहल

अब भी इक लब[6] में और तबस्सुम[7] में
हद्दे-फ़ासिल[8] है एक दूरी है
कितनी सदियाँ गुज़र चुकीं लेकिन
ज़िन्दगी आज भी अधूरी है

---

1. घाटी 2. लजीली 3. चुलबली, चंचल 4. सुन्दरी 5. लय 6. होंट 7. मुस्कराहट 8. विभाजक रेखा

ज़िन्दगी दर्दे-लादवा भी है
और एक मुस्तक़िल[1] सज़ा भी है
हाय मासूमी-ए-दिले-इन्सान
ज़िन्दगी ही का आसरा भी है

वक़्ते-आमद[2] वह जिसके नक़्शे-क़दम
रास्तों में दिये जलाते हैं
वक़्ते-रुख़्सत[3] उसी के नक़्शे-क़दम
फ़ासले बन के मुस्कुराते हैं

अकसर इस तरह आस का दामन
दिल के हाथों से छूट जाता है
जैसे होंटों तक आते-आते जाम
दफ़अतन[4] गिर के टूट जाता है

1. स्थायी 2. आने का समय 3. जाने के समय 4. अचानक

यूँ लगे तेरे तज़करे[1] से अगर
नाम मेरा हटा दिया जाये
जैसे इक फूल की कहानी से
ज़िक्रे-ख़ुशबू[2] उड़ा दिया जाये

हासिले-इज्तिनाब[3] सोचा है
रूठ जायेंगे ख़्वाब सोचा है
सारी दुनिया करेगी एक सवाल
तुमने कोई जवाब सोचा है

ख़ून में डूबे ये इतिहास के पन्ने एक अमानत हैं
जाओ उन पर नाज़ करो बलिदान की उन पर छाया है
आने वाली नस्ल के ख़्वाबो लेकिन इतना याद रहे
हमने तुम्हारे कल की ख़ातिर अपना आज गँवाया है

1. चर्चा 2. ख़ुशबू की चर्चा 3. बचने और दूर रहने का नतीजा

तन्हाइए

उसी को प्यार का हर इख़्तियार जाता है
जो अपनी जीती हुई बाज़ी हार जाता है

बहुत से जीत के असबाब[1] उसके पास सही
मगर वो मेरे इरादों से हार जाता है

अजीब जंग मिली ज़िन्दगी से लड़ने को
कि रूह[2] थकती नहीं जिस्म हार जाता है

तअल्लुक़ की नुमाइश[3] के हुनर से आशना[4] कम है
वो ख़ुद से ही बहुत नाराज़ है मुझसे ख़फ़ा[5] कम है

बज़ाहिर[6] मैं बहुत आसान सा इन्साँ सही लेकिन
कोई जब पास आये तो बड़ा मुश्किल निकलता हूँ

मिरी तीराशबी[7] भी तो चराग़ाँ से नहीं कुछ कम
यही माहौल[8] है अन्दर की जानिब आँख खुलने का

कभी हिम्मत हुई तो मैं ज़माने को बताऊँगा
मिरी रुस्वाइयों में तेरी चुप का हाथ कितना है

---

1. कारण, सामान 2. आत्मा 3. सजावट 4. परिचित 5. नाराज़ 6. प्रत्यक्षतः 7. रात का अँधेरा 8. वातावरण

ये कैसी शर्त लगायी है मेरी आँखों ने
कि तुझको सोचना छोड़ूँ तो नींद आयेगी

बहाने ढूँढता हूँ दर-ब-दर भटकने के
कोई बुलाने मुझे मेरे घर नहीं आता

खुले मौसम सा हँसता-गाता भोलापन नहीं होता
मकानों के मुक़द्दर में जहाँ आँगन नहीं होता

जहाँ रिश्ते हवाओं की तरह बहने के आदी हों
वहाँ अपने तो होते हैं पर अपनापन नहीं होता

हम से पूछो कैसे रस्ता चलते हैं
हम दुनिया की ठोकरें खा कर बैठे हैं

कोई भी सीधे मुँह बात नहीं करता
हम ऐसा बस्ती में क्या कर बैठे हैं

कोई पहरा ही नहीं रह गया आज़ादी पर
उसने खोया है मुझे मुझ पे भरोसा करके

कहाँ गयीं मिरे चेहरे की झुर्रियाँ सारी
ये नन्हें बच्चे के हाथों ने क्या कमाल किया

शहर तो शहर है वीराना भी बस जाता है
कोई आँसू है कि दामन को तरस जाता है

किसी ज़मीं के रहे हों कि आसमाँ के रहे
तिरे ही जब न रहे हम तो फिर कहाँ के रहे

ये और बात कि हम देखते नहीं वरना
जो होने वाला हो अकसर नज़र तो आता है

हर बात में दुनिया को ख़ताएँ तो मिलेंगी
अपनी तरह जीने की सज़ाएँ तो मिलेंगी

क़तरे ने जहाँ रहम की नज़रों से पुकारा
मैं भूल गया मैं तो समन्दर की तरफ़ था

किसी मंज़र को कोई आँख भर कर माँग लेता है
मगर ये भी है कुछ आँखों को मंज़र माँग लेता है

जिसे हर प्यास अपनी आँख का तारा समझती हो
उसी क़तरे को आख़िर क्यों समन्दर माँग लेता है

हवस[1] के बस में रहने से बड़ी क्या मुफ़लिसी[2] होगी
फ़क़ीर उसको नहीं कहते जो दर-दर माँग लेता है

अपनी इस आदत पे ही इक रोज़ मारे जायेंगे
कोई दर[3] खोले-न-खोले हम पुकारे जायेंगे

ज़िन्दगी से जंग होगी जंग भी आख़िर तलक
प्यार की बाज़ी नहीं हँस-हँस के हारे जायेंगे

गुनाहगार को इतना पता तो होता है
जहाँ कोई नहीं होता ख़ुदा तो होता है

यही बहुत है तअल्लुक़[4] की जंग लड़ने को
वो बात-बात पे मुझसे ख़फ़ा तो होता है

ये और बात तेरी नज़र में न आ सके
वरना कहीं भी कम तो नहीं थे किसी से हम

---

1. लोभ, लालच 2. ग़रीबी 3. दरवाज़ा 4. सम्बंध

चला सकते हैं सारी उम्र तेरी याद के साये
मगर तू हमसफ़र हो तो सफ़र आसाँ नहीं होता

गली-कूचों में जिनके प्यार के क़िस्से महकते थे
वही गुज़रें उधर से अब तो पहचाने नहीं जाते

अकेले रह के ही दुनिया बनानी पड़ती है
सफ़र में साथ निभाने को घर नहीं जाता

किसी के प्यार का सच तो अदा कर ही नहीं सकतीं
वो आँखें जो सहर[1] से शाम तक आँसू बदलती हैं

उससे पूछो उसे क्या गँवाना पड़े
अपनी दुनिया जिसे ख़ुद बनाना पड़े

ज़ेहन हर एहतियात जानता है
जिस्म रिश्तों को मानता ही नहीं

ये नहीं है कि हम लोग साबिर[2] न थे
ग़म छुपाने में इतने भी माहिर न थे

---

1. प्रभात 2. संयमी

ज़िन्दगी भर हमें जिन पे चलना पड़ा
हम उन्हीं रास्तों के मुसाफ़िर न थे

नफ़आ[1] नुक़सान को जीने का हुनर जानता है
वो किसी प्यार के रिश्ते को कहाँ मानता है

हवा से मिल के जिसे फ़ैसले का हक़ मिल जाये
मैं उस चराग़ के हाथों में घर नहीं देता

बहुत से ख़्वाब देखोगे तो आँखें
तुम्हारा साथ देना छोड़ देंगी

हर एक दरिया को ख़ुद में समेट लेता है
कोई बताये समन्दर से प्यार कैसे हो

तमाम रात सितारों से गुफ़्तगू कर ली
अब उसके बाद तिरा इन्तज़ार कैसे हो

बहाने ढूँढता है तर्ज़े-गुफ़्तगू उसका
कि कोई बात मुझे नागवार[2] कैसे हो

1. लाभ 2. अप्रिय, असह्य

मौसमों की नज़र से उतरता नहीं
प्यार तो प्यार है प्यार मरता नहीं

अपनी आँखों में किसको जगह दीजिए
कोई मेयार पर तो उतरता नहीं

नज़र में जब भी चढ़ा है कोई नया सूरज
किसी चराग़ ने आँखों पे उँगलियाँ रख दीं

सफ़र में बेख़बर रहने से बढ़ कर गुमरही क्या हो
कोई ठोकर लगाये तो बड़ा एहसान करता है

रात तो वक़्त की पाबन्द है ढल जायेगी
देखना ये है चराग़ों का सफ़र कितना है

मेरे पैरों की मुसाफ़त[1] के मुक़द्दर में नहीं
वही रस्ता जो तिरे घर की तरफ़ जाता है

तेरे चेहरे से बोलता हूँ मैं
तू मुझे राज़ रख नहीं सकता

---

1. यात्रा

तू जैसे चाहे ज़माने को रोशनी बख़्शे
मुझे चराग़ की मानिन्द[1] क्यों जलाता है

कहीं कुछ सरफिरे लोगों की नादानी बुलाती है
किसी बस्ती में अपने आप सन्नाटा नहीं जाता

कैसी धूप की ख़ातिर निकले किसके साये चलते हैं
मौसम को हम नहीं बदलते मौसम हमें बदलते हैं

फ़लक[2] के नाज़[3] उठाता हूँ ज़मीं हमवार[4] करता हूँ
ख़ता मेरी बस इतनी है किसी से प्यार करता हूँ

हमारे तजरिबों से फ़ायदा तो सब उठाते हैं
मगर दुनिया के आगे अहमियत देने से डरते हैं

सभी के आज़माने का बहाना हाथ आता है
मुझे क़तरा ही रहने दे समन्दर क्यों बनाता है

मुसाफ़िर तेरी नादानी पे रस्ता मुस्कुराता है
सफ़र होता है कितना और तू कितना बताता है

1. तरह, भांति 2. आसमान 3. नखरे, हाव-भाव 4. समतल

ये दुनिया जिसमें दोबारा कहीं कुछ भी नहीं होता
यहाँ कैसे किसी का साथ कोई छोड़ जाता है

हमारा कुछ नहीं बनता सियासी[1] कारख़ानों में
हमें ज़िन्दा रखा जाता है अख़बारी बयानों में

जो दिल में है ज़बाँ पर भी किसी दिन आ ही जायेगा
बहुत दिन दौलतें रक्खी नहीं जातीं ख़ज़ानों में

नफ़रतों को है खुली छूट कि मेयार बनें
प्यार छुप कर भी किया जाये तो मुजरिम ठहरे

यहाँ बस्ती बसाने की अगर अब आरज़ू करना
तो पहले आग के शोलों[2] से जा कर गुफ़्तगू[3] करना

न पाने से किसी के है न कुछ खोने से मतलब है
ये दुनिया है इसे तो कुछ-न-कुछ होने से मतलब है

गुनाहों से लरज़ती हो कि सजदों से चमकती हो
ये बादल है इसे तो बस ज़मीं धोने से मतलब है

---

1. राजनीति 2. आग की लपटों 3. बातचीत

गुज़रते वक़्त के पैरों में ज़ंजीरें नहीं पड़तीं
हमारी उम्र को हर लम्हा कम होने से मतलब है

बहुत ख़तरे हैं सब को अपना कच्चापन बताने के
सफ़र में हर किसी से रास्ता पूछा नहीं जाता

कौन जाने कब कोई दुखती सी रग हो जायें हम
साथ रह कर भी तिरे तुझसे अलग हो जायें हम

छोटी-छोटी बातें करके बड़े कहाँ हो जाओगे
पतली गलियों से निकलो तो खुली सड़क पर आओगे

भरोसा हो जो चराग़ों की इस्तिक़ामत[1] का
हम आँधियों से भी रिश्ते बिगाड़ सकते हैं

हमारी आँख में आँसू नज़र आयें तो ये समझो
तुम्हारे होंटों की झूठी हँसी अब जाने वाली है

लम्हा-लम्हा ये बदलता हुआ मंज़र ही तो है
मेरी आँखों में जो आँसू नहीं रुकने देता

---

1. स्थायित्व

वह क्या जाने प्यार कहाँ ले जाता है
उसको तो बस आग लगाना आता है

न जाने कौन सी सफ़[1] में शुमार[2] था मेरा
कहीं भी होना उसे नागवार[3] था मेरा

कहीं भी जीत न पायी वह मस्लहत तेरी
कहीं भी हार न पाया वह प्यार था मेरा

वजाहतों[4] से बयाँ हो रहा है हर मौसम
ग़ज़ल कहाँ थी कोई इश्तहार[5] था मेरा

तिरे हमराह[6] चलने में कई आसानियाँ तो हैं
मगर हाँ तेरी हर इक पे हाँ कहना मुश्किल है

कदूरतों[7] को दिलों से निकाल कर रखना
जो बन गये हैं वो रिश्ते सँभाल कर रखना

बहुत भरोसा न कर लेना उन ज़मीनों पर
कहीं भी जाओ क़दम देख-भाल कर रखना

---

1. पंक्ति 2. गिनती 3. नापसन्द 4. स्पष्टीकरणों 5. विज्ञापन 6. साथ 7. दुर्भावना

मौजों से लड़ते तो रहे अब जीत लगे या हार लगे
कोई हमसे पूछ न लेना कैसे दरिया पार लगे

काट रही है शाख़ गिलहरी वही कि जिस पर बैठी है
मेरी तरह ये भी जीने से जनम-जली बेज़ार[1] लगे

ग़मों का एक ही झोंका जिसे उड़ा ले जाये
हम अपने होंटों पे ऐसी हँसी नहीं रखते

ये जिस्म का रिश्ता मिरे होने का सबब है
मैं सिर्फ़ तुझे देखने वालों में नहीं हूँ

लिहाज़ आँख का, रिश्तों का डर नहीं रहता
जब एक शख़्स के हाथों में घर नहीं रहता

ये हादिसात[2] तो पत्थर बनाये देते हैं
किसी का दिल पे बहुत देर असर नहीं रहता

मैं उसके चेहरे पे वो बात पढ़ के लौट आया
जिसे वो चाहे था कहना पे कह नहीं पाया

---

1. विमुख, अनासक्त 2. घटनाएँ

उम्र भर साथ कहाँ देता है कुछ देर का साथ
मैं ही नादान था आदाबे-सफ़र[1] भूल गया

तुम्हें सूरज की कुछ किरणें उधर उलझाये रखती हैं
तुम्हारी बेज़बाँ खिड़की मिरे आँगन में खुलती है

कहीं मेरे अलावा भी किसी की आँख उठ जाये
तुम्हें इतना सँवरने की इजाज़त[1] मैं नहीं देता

मैं तेरे साथ चलने की ललक में
बहुत लोगों को पीछे छोड़ आया

मिरी साँसो, मुझे धोका न देना
मैं कुछ दिन और जीना चाहता हूँ

हौसला दिन का सँभल भी तो नहीं पाता है
शाम का वक़्त दबे पाँव चला आता है

ऐसी नौबत ही न आये यही कोशिश कीजे
ठोकरें खा के तो कोई भी सँभल जाता है

---

1. यात्रा के नियम, तौर-तरीक़े 2. अनुमति

तुम्हें तो बैठे-बैठे चलने वालों को सताना है
सफ़र की बात करते हो सफ़र तुमसे नहीं होगा

देखते-देखते लहरों से हम-आग़ोश[1] हुआ
वह जो कहता था समन्दर की तरफ़ मत जाना

सारी दुनिया को मुख़ालिफ़[2] कर दिया
मैं भी तेरी ही तरफ़ हो जाऊँ क्या

जब्र का खेल बग़ावत[3] में बदल सकता है
क़तरा हाथों से भी दरिया के निकल सकता है

लगा हुआ है परों[4] की वही नुमाइश में
जो कह रहा था कि उड़ना मुझे पसन्द नहीं

सभी कुछ देखता है फिर भी जैसे कुछ नहीं दिखता
तिरे चेहरे पे आँखों की कमी अच्छी नहीं लगती

प्यार वालों के दिए काम कहाँ आते हैं
आँख भीगेगी तो कमरे में उजाला होगा

---

1. गले लगा 2. विरोधी 3. विद्रोह 4. पंखों

ज़मीं तो जैसी है वैसी ही रहती है लेकिन
ज़मीन बाँटने वाले बदलते रहते हैं

आइने[1] की तरह रुसवा[2] नहीं होने देता
इक तिरा ग़म मुझे धुँधला नहीं होने देता

जाने क्या ख़ौफ़ तअल्लुक़ ने बना रखा है
यार लोगों पे भरोसा नहीं होने देता

तुझे समझने का मौक़ा[3] यही तो देते हैं
हमारे पास ये लम्हे जो इन्तज़ार[4] के हैं

मैं भी तेरा नहीं तू भी मेरा नहीं
सच तो ये है कोई भी किसी का नहीं

मैं अपने पाँव में ज़ंजीर डाल कर ख़ुद ही
ये सोचता हूँ कि आख़िर मिरी ख़ता[5] क्या है

अपनी-अपनी ज़िद पे अड़ने को हुए बच्चे जवाँ
और बुज़ुर्गों का मकाँ नादानियों[6] में बट गया

1. दर्पण 2. बदनाम, अपमानित 3. अवसर 4. प्रतीक्षा 5. जुर्म 6. नासमझी

जिसे चाहें बस उसकी ही तरफ़ देखा नहीं करते
मुहब्बत जिससे करते हैं उसे पूजा नहीं करते

हमें तूफ़ान से लड़ने की हिम्मत भी है आदत भी
किसी मल्लाह[1] पे, कश्ती पे, हम तकिया[2] नहीं करते

अगर वह आसमानों में बुलाये तो चले जाना
मुहब्बत करने वाले फ़ासला देखा नहीं करते

बस भीड़ में चलने का हुनर सीख रहा हूँ
ये मैं भी समझता हूँ कि रस्ता न मिलेगा

कमाई ऐसी कोई यूँ डुबो नहीं सकता
जो तेरा हो गया दुनिया का हो नहीं सकता

समझ सके तो समझ ले यही हक़ीक़त[3] है
मुझे जगा के वो चाहे तो सो नहीं सकता

मुझे दुनिया की ख़्वाहिश[4] हो रही है
मिरे अन्दर ही साज़िश[5] हो रही है

1.केवट 2.भरोसा 3. वास्तविकता, यथार्थ 4. अभिलाषा 5. षड्यन्त्र

छुपाने को मिरा ये खोखलापन
मिरे घर की नुमाइश हो रही है

बिन चाह ये दुनिया है यहाँ क्या न मिलेगा
माँगोगे तो तिनके का सहारा न मिलेगा

तुम्हीं शर्ते-तअल्लुक़[1] तय करो हम क्या बतायेंगे
तुम्हारे पास दरिया हैं हमारे साथ प्यासे हैं

गली-मुहल्लों में दुख-दर्द के रिश्ते रहते हैं
कॉलोनी में तन्हाई के मारे रहते हैं

ऐसे ही लोगों के सहारे उम्र गुज़रती है
बेगाने[2] से हो कर भी जो अपने रहते हैं

जीवन को इक जंग समझ कर लड़ने वाले ही
दुश्मन से चौकन्ने दोस्त से बच के रहते हैं

वह अपने आप से बाहर कहाँ निकल पाया
खड़ा हुआ था ज़माना गले लगाने को

1. सम्बन्ध की शर्त 2. पराये

तुम्हारे बारे में कितना ही जान लूँ लेकिन
कुछ और जानता ये आरज़ू नहीं जाती

कुछ अनजाना होने का डर जाने क्यों था
सफ़र में ये ज़ादे-सफ़र[1] जाने क्यों था

जो बारे-सफ़र[2] हैं वही हमसफ़र[3] हैं
तिरा साथ ही मुख़्तसर[4] जाने क्यों था

जो मेरे लिए सिर्फ़ मेरे लिए था
उसी से बिछड़ने का डर जाने क्यों था

धूप को साया-ए-दीवार[5] कहाँ मिलता है
ख़ानाबरबाद[6] को घर-बार कहाँ मिलता है

मैं सबके लिए अपनी कहानी नहीं कहता
क्यों बहता है दरिया कभी पानी नहीं कहता

वो सामने आ जाये तो रुकने लगें साँसें
मैं फिर भी उसे दुश्मने-जानी[7] नहीं कहता

---

1. पाथेय 2. सफ़र का बोझ 3. सहयात्री 4. संक्षिप्त 5. दीवार की छाँव 6. जिसका घर-बार नष्ट हो गया हो, अभागा 7. जान का दुश्मन

हँसी जब आये किसी बात पर ही आती है
उदास होने का अकसर सबब नहीं होता

दोस्ती जा हवाओं से अच्छी नहीं
साथ मेरा दिया तो बिखर जायेगा

सभी रिश्ते गुलाबों की तरह ख़ुशबू नहीं देते
कुछ ऐसे भी तो होते हैं जो काँटे छोड़ जाते हैं

वो एक वक़्त में अपना भी और पराया भी
अजीब तरह का रिश्ता है उससे रिश्ता भी

वो मेरे प्यार की गहराइयों को क्या समझे
जब उसके बस में नहीं एतबार करना भी

चराग़े राह की क़िस्मत[1] पे रहम आता है
हवा के ज़ोर से लड़ना भी और जलना भी

वह ऐसा क्या है किये का जो फल न पायेगा
मुझे गिराया तो ख़ुद भी सँभल न पायेगा

---

1. भाग्य

अभी भी वक़्त है मिल-जुल के कोई हल ढूँढो
नहीं तो फिर कोई रस्ता निकल न पायेगा

अब किसी के मिटाये से मिटती नहीं
मेरी दुनिया है और ये ज़रा सी नहीं

सफ़र में इन दिनों ख़तरा बहुत है
घरों को लौट ही आना बहुत है

हँसी तेरा तआक़ुब[1] करते-करते
बहुत से लोग आँसू हो गये हैं

घरों में रह के कोई रास्ता नहीं मिलता
घरों को छोड़ के निकलो तो क्या नहीं मिलता

उदास बच्चे के आँसू में रह गया खो कर
जो कह रहा था कि मुझको ख़ुदा नहीं मिलता

पराये पैरों से चलिए तो साथ इक डर भी चलता है
कहीं ख़ैरात[2] के टुकड़ों पे कोई घर भी चलता है

---

1. पीछा करना 2. दान

कोई हद भी तो हो इख़तिलाफ़ात[1] की
बात दिन की कही तो लगी रात की

सुनाई दे तिरे क़दमों की आहट
ये रस्ता मुस्कुराना चाहता है

प्यार सभी का काम नहीं है
आँसू होना आम नहीं है

मुझको ये रिश्ते बचाने का हुनर मालूम है
जाओ सब ख़ुशियाँ तुम्हारी सारे ग़म मेरे हुए

ऐ हवा, कहना बहुत कुछ था मगर अब क्या कहें
हमने छोड़े थे मकानों में दिये जलते हुए

1. मतभेद